L_n^{27} 19743.

LA VIE

DE

TOUSSAINT-LOUVERTURE,

CHEF DES NOIRS INSURGÉS

DE SAINT-DOMINGUE.

LA VIE

Je poursuivrai par tous les moyens de rigueur autorisés par la loi, les contrefacteurs de cet ouvrage, dont j'ai déposé à la bibliothèque nationale les exemplaires d'usage.

DUBROCA.

TOUSSAINT LOUVERTURE

Général en Chef à St. Domingue.

LA VIE
DE
TOUSSAINT-LOUVERTURE,
CHEF DES NOIRS INSURGÉS
DE SAINT-DOMINGUE;
CONTENANT

Son origine, les particularités les plus remarquables de sa jeunesse, sa réunion aux fameux *Biassou*, *Bouckmant*, et *Jean François*, les atrocités de la guerre qu'il fit aux français sous les drapeaux de l'Espagne, sa perfidie en abandonnant les intérêts de cette puissance, ses attentats nombreux envers les agens de la république française, les actes de son indépendance, et les premières horreurs qui ont accompagné sa résistance au gouvernement français.

SUIVIE

De notes précieuses sur Saint-Domingue, sur plusieurs personnages qui ont joué un rôle dans la révolution de cette île, et des premières opérations militaires du général Leclerc.

PAR DUBROCA.

A PARIS,

Chez { DUBROCA, Libraire, rue Thionville, n°. 1760.
BONNEVILLE, Graveur, rue St-Jacques, n°. 195.

AN X. — 1802.

LA VIE
DE
TOUSSAINT-LOUVERTURE,
CHEF DES NOIRS INSURGÉS
DE SAINT-DOMINGUE.

Au moment où le voile est entièrement déchiré sur l'hypocrisie profonde et sur les projets ambitieux de Toussaint-Louverture; au moment où la trahison de ce chef des noirs est consommée, et où, sur les ruines fumantes d'une cité embrasée de ses propres mains, les valeureux conquérans de la liberté française, en Europe, s'avancent pour punir en lui l'ennemi de leur patrie et de l'humanité entière; quel Français ne lira pas avec intérêt la vie de cet homme déjà trop fameux, et qu'une longue impunité a enhardi à tous les crimes ? Retenu jusqu'à présent par le respect qu'inspire un gouvernement pacificateur, dont il n'appartient pas à un simple citoyen, de troubler les vues par une impulsion contraire, je me suis abstenu d'écrire la vie de cet Africain couvert de sang et de forfaits, et j'ai imposé silence aux pressentimens cruels que les apparences même de sa modération rendaient plus profonds encore dans mon ame; mais à présent quel intérêt pourrait s'opposer à la publicité d'une histoire qui, si elle n'arrête pas le cours des événemens, peut du moins justifier l'importance des mesures qui sont prises contre celui qui en est l'objet, et offrir un aliment intéressant à la juste impatience du public depuis si long-temps induit en erreur sur le compte de ce chef des noirs ?

Toussaint-Louverture naquit en 1743, sur l'habitation du ci-devant comte de

Noé, appelée vulgairement *l'habitation de Breda*, à une lieue de la ville du Cap-Français, département du Nord de Saint-Domingue. Condamné à l'esclavage, en sa qualité de noir esclave, ses premières années s'écoulèrent dans les travaux réservés à ceux de sa classe, et il fut destiné à garder les bestiaux sur l'habitation qui l'avait vu naître. Le temps que lui laissait cet emploi, joint à l'activité naissante de son génie, lui inspira l'idée de le mettre à profit : il étudia les élémens de la lecture et de l'écriture. Les connaissances qu'il acquit sur ces deux objets, lui donnèrent une grande considération parmi les noirs, étonnés et charmés à la fois de voir l'un d'eux s'affranchir de l'état de profonde ignorance auquel ils étaient condamnés. Toussaint-Louverture, sachant lire passablement et signer son nom, sortit de l'emploi de pâtre et aspira à des travaux moins ignobles et en même temps plus lucratifs.

Le bruit de ses talens et de son intelligence parvint à M. *Bayou de Libertas*, procureur de l'habitation de Breda : celui-ci résolut de se l'attacher ; et pour tenter son ambition naissante, il le fit son cocher.

La conduite de Toussaint-Louverture auprès de son nouveau maître, lui mérita la bienveillance de celui-ci ; quoiqu'il fût très-cruel envers les noirs soumis à son empire, il donna à Toussaint sa confiance ; il le constitua surveillant des autres noirs, et il n'oublia rien de ce qui pouvait l'attacher à son service.

C'est dans cet état que la révolution surprit Toussaint-Louverture. Loin de songer à prendre quelque part aux mouvemens qui précédèrent l'insurrection des noirs, il en fut le témoin impassible, et l'histoire n'a point à lui reprocher d'avoir trempé ses mains dans le massacre horrible des blancs, exécuté dans le mois d'août 1791. Les liaisons qu'il avait eues avec les chefs des noirs insurgés, *Bouckmant*, *Biassou* et *Jean-François*, tous trois noirs esclaves, l'amitié particulière sur-tout qui le liait à Jean-François, ne tentèrent point son ambition; la reconnaissance qu'il avait vouée à son maître, semblait l'avoir emporté sur les séductions de la vengeance et de la cupidité, et plusieurs fois il lui échappa des imprécations contre les auteurs et les instigateurs des désartres de la colonie.

Cette conduite avait resserré les liens de la confiance et de l'amitié qui l'unissaient à son maître. Dans l'état où se trouvait la colonie, en proie aux cruautés et à la vengeance des noirs, il en était devenu plus cher à sa famille : on connaissait ses moyens, ce qu'il aurait pu entreprendre, et l'influence qu'il aurait pu obtenir sur les noirs, s'il eût voulu en abuser, et on lui tenait compte de sa modération et de la résistance qu'il semblait opposer à ce qui pouvait tenter son ambition.

Mais cette modération de Toussaint-Louverture n'était qu'un calcul de sa profonde hypocrisie, fondé sur l'incertitude des tentatives des noirs; dès qu'il vit leurs succès assurés, et qu'il jugea que le moment favorable à ses projets était venu, il s'échappa tout-à-coup de la maison de son maître, disparut de l'habitation de Breda, et se rendit dans le camp de Biassou. Celui-ci, charmé de l'avoir pour compagnon de ses atrocités, l'accueillit avec amitié, et voulant rendre ses talens utiles, le fit son secrétaire, ou plutôt son homme d'affaires, et l'admit dans son intime confiance.

C'est dans ce nouveau poste que Toussaint-Louverture commença à déployer son génie militaire, et la férocité naturelle de son caractère. Biassou l'employa avec succès dans plusieurs expéditions, dont on connaît les résultats horribles; et pour le récompenser de son zèle, il l'éleva à la place de son capitaine des gardes.

C'était l'époque où la division, s'étant mise parmi les chefs des noirs, ouvrait une carrière facile à l'ambition des subalternes. Toussaint-Louverture, qui s'indignait déjà de se voir au second rang, en profita. De concert avec Jean-François, l'ennemi personnel et le concurrent de Biassou, il forma le projet de renverser son bienfaiteur et de se mettre à sa place.

Un jour Biassou reposait dans sa tente; tout-à-coup on vient l'avertir que son camp est cerné par un corps de huit mille noirs, et que Jean-François s'avance à la tête de sa cavalerie pour l'arrêter. A cette nouvelle, Biassou court aux armes, fait battre la générale, et ordonne en même temps à son capitaine des gardes, de disposer ses troupes pour la défense de sa personne. Toussaint-Louverture exécuta en effet les mouvemens militaires qu'exigeait cette circonstance ; mais au lieu de se disposer au combat, il s'avança vers Jean-François, et lui livra sans résistance Biassou. Le sort de ce dernier fut bientôt décidé ; il fut déclaré déchu de son rang de général des noirs, et envoyé prisonnier à Saint-Augustin, dans l'intérieur de l'île (1). Toussaint=Louverture reçut pour récompense le commandement d'une division, avec laquelle il marcha sur les traces du féroce Biassou, jusqu'au moment où d'autres événemens changèrent sa destinée et le portèrent sur un nouveau théâtre.

La guerre qui venait d'éclater en Europe, entre la république française et les peuples du continent, avait déjà étendu ses ravages sur les colonies du nouveau monde, qui dépendaient des puissances belligérantes : à Saint-Domingue sur-tout, les français, fidèles à la république, avaient à lutter non seulement contre les noirs
qui

qui avaient levé l'étendard de la révolte, et auxquels les royalistes et les émigrés avaient associé leurs intérêts, mais encore contre les anglais qui les inquiétaient sur les côtes, et contre les colonies espagnoles qui leur avaient hautement déclaré la guerre.

Au commencement de 1793, les espagnols voulant se renforcer de tout ce qui était ennemi de la république française, appelèrent sous leurs drapeaux les noirs insurgés de Saint-Domingue. Jean-François et Toussaint-Louverture s'empressèrent de se rendre à cette invitation ; le premier fut créé lieutenant-général des armées du roi d'Espagne, et Toussaint-Louverture fut élevé au grade de maréchal-de-camp. Tous les deux furent revêtus des marques distinctives de leur rang, et pour la première fois on vit des noirs esclaves, chamarrés de cordons, de croix et des autres signes de noblesse.

Flattés de ces distinctions, Jean-François et Toussaint-Louverture songèrent à s'en rendre dignes par un dévouement sans bornes aux intérêts du gouvernement qui les employait. La guerre qu'ils firent aux français républicains, fut une guerre de cannibales. Plusieurs fois, ils firent frémir d'horreur ceux dont ils étaient devenus les instrumens. Tous les français, de quelque couleur qu'ils fussent, s'ils servaient la cause de la république, étaient sûrs, en tombant entre leurs mains, de trouver les tourmens et la mort. Entourés de prêtres et d'émigrés qui irritaient de plus en plus leur férocité, ces deux chefs des noirs se croyaient chargés des vengeances de l'autel et du trône : leur zèle avait les caractères les plus affreux, ceux du fanatisme qui égorge sans pitié, au nom du ciel, et ceux d'une barbarie profonde pour qui les lois sacrées de la nature, du sang et de l'humanité, ne sont rien. Quand on écrira l'histoire de cette guerre, il faudra mettre sous les yeux des lecteurs, l'affreux tableau d'hommes sciés en deux, d'hommes mutilés dans tous les sens, d'hommes brûlés à petit feu, d'hommes attachés par les pieds à un arbre et écorchés vivans. La Vendée seule est le pendant de cette guerre abominable, que Toussaint-Louverture fit aux républicains pendant près de deux ans. En vain, pendant cet espace de temps, les commissaires du gouvernement français à Saint-Domingue, Polverel et Santonax, essayèrent de le ramener, et lui firent offrir, ainsi qu'à Jean-François, paix, liberté et protection : ils ne répondirent à leurs offres et à leurs promesses que par de nouvelles atrocités. Toussaint-Louverture, croyant devoir motiver particulièrement ses refus, écrivit lui-même aux commissaires, en date du 28 août 1793. C'est dans la lettre qu'il leur adressa qu'on lit ces phrases remarquables :

« Nous ne pouvons nous conformer à
» la volonté de la nation, vu que depuis
» que le monde règne, nous n'avons exé-
» cuté que celle d'un roi. Nous avons perdu
» celui de France, mais nous sommes ché-
» ris de celui d'Espagne qui nous témoi-
» gne des récompenses, et ne cesse de
» nous secourir. Comme cela, nous ne
» pouvons vous reconnaître commissaires
» que lorsque vous aurez trôné un roi. »

Cette lettre avait été rédigée par un prêtre espagnol, curé de Laxabon, et alors confesseur en titre de Toussaint-Louverture. Quelque temps auparavant, ce chef des noirs avait adressé une proclamation à ses frères du Cap, rédigée dans le même sens. Elle est du 25 juin 1793.

Cependant les succès de la république française commençaient à dégoûter les espagnols de la coalition. Toussaint-Louverture prévoyant la fin de ses services, et craignant peut-être d'être sacrifié à la paix, songea à changer de parti. Sa nouvelle trahison fut accompagnée de circonstances horribles. Quand il était arrivé au milieu des espagnols, il s'était présenté à eux, les mains dégoûtantes du sang des républicains; pour effacer, s'il se pouvait, le souvenir de cette atrocité, il voulut, en revenant parmi ces derniers, se présenter avec les mêmes trophées, et leur offrir le sang des espagnols en dédommagement de celui des français qu'il avait d'abord versé.

Le président de l'audience royale à Santo-Domingo, *Dom Joachim Garcia*, l'avait placé à la *Marmelade*, sous les ordres du marquis *d'Hermona*, un des officiers de l'armée espagnole, le plus brave et le plus instruit. C'est-là que, le 25 juin 1794, après avoir entendu la messe dévotement, communié et affiché une dévotion extraordinaire, Toussaint-Louverture sortit de l'église, monta à cheval, fit entourer par ses troupes les espagnols qui étoient sous ses ordres, et ordonna froidement leur massacre. Hommes, femmes, enfans, vieillards, tout fut passé au fil de l'épée, ou devint la proie de la brutalité des noirs de son armée ; les églises furent pillées, les trésors des particuliers et du gouvernement furent enlevés. Cet acte d'atrocité, qui glace d'horreur et d'effroi, fut répété par les troupes de Toussaint aux Gonaïres, au Gros-Morne, au Dondon, à la Petite-Rivière, et dans toutes les autres paroisses de l'île qui étoient occupées par les espagnols depuis la guerre. Trois heures avant ce massacre, Toussaint-Louverture avoit renouvelé le serment de fidélité au roi d'Espagne, entre les mains de Dom Garcia et du marquis d'Hermona.

Après cet attentat, Toussaint-Louverture passa avec ses troupes au port de Paix, où il fit le serment de fidélité à la République française, en présence du général Etienne

Laveaux, qui gouvernait alors Saint-Domingue (2).

Ce général, instruit par les événemens, fut d'abord peu disposé à accorder sa confiance à Toussaint-Louverture; réduit à l'inaction, et surveillé dans toute sa conduite, ce chef des noirs semblait avoir atteint le terme de sa carrière politique; mais un événement aussi malheureux qu'extraordinaire vint le replacer tout-à-coup sur la scène, et ouvrir à son ambition une nouvelle carrière.

Au mois de ventôse de l'an 4, une sédition populaire fomentée et protégée par trois chefs mulâtres, éclata dans la ville du Cap. Victime de cette intrigue dont il était l'objet, le général Laveaux fut arrêté et constitué prisonnier; à cette nouvelle, qui réveilla tout-à-coup les espérances et l'ambition de Toussaint-Louverture, ce chef des noirs, soutenu par les amis de la France, s'arma pour la vengeance du gouverneur, et marcha sur la ville du Cap, à la tête de dix mille hommes : l'appareil menaçant d'un siége força les habitans à en ouvrir les portes. Toussaint-Louverture entra au Cap en vainqueur, où son premier soin fut de délivrer le général Laveaux, et de le réintégrer solennellement dans ses fonctions de gouverneur.

Tel fut l'événement qui redonna tout-à-coup à Toussaint-Louverture la considération qu'il avait perdue, et qui le rendit en quelque sorte l'arbitre des destinées de la colonie. Dans l'ivresse de sa reconnaissance, le général Laveaux le proclama le vengeur des autorités constituées, et le sauveur des blancs.

« C'était, disait-il (3), ce noir, ce Spar-
» tacus prédit par Raynal, dont la destinée
» était de venger les outrages faits à toute
» sa race ; et il ajoutait que désormais il
» ne ferait rien que de concert avec lui
» et par ses conseils. »

En

En effet, Toussaint-Louverture, créé à la fois général de division et lieutenant au gouvernement de Saint-Domingue, fut associé à l'empire, et se vit en état de préparer avec succès les bases de son usurpation. Il travaillait déjà à ce grand ouvrage en propageant, par tous les moyens possibles, les principes de l'indépendance future des colonies (4), lorsque l'arrivée des nouveaux agens envoyés par le directoire exécutif pour y proclamer la constitution de l'an 3, vint affermir son crédit et prêter en quelque sorte de nouvelles armes à son ambition.

Ces agens avaient ordre en effet de faire éprouver à Toussaint-Louverture toute la bienveillance du gouvernement français, et de reconnaître par de nouvelles faveurs les services qu'il avait rendus à la république dans la personne du général Laveaux, en le rendant à la liberté, en faisant respecter en lui les autorités constituées, et en sauvant la colonie des factions intérieures qui avaient menacé de l'embraser de nouveau.

Fidèles à ces instructions, les commissaires du directoire exécutif furent à peine arrivés à Saint-Domingue, qu'ils s'empressèrent de répondre aux vues du gouvernement qui les avait envoyés; ils firent à Toussaint-Louverture un accueil distingué, et l'encouragèrent à de nouveaux services, en lui exposant la nécessité de chasser promptement les anglais de la colonie; c'était l'époque en effet où cette puissance, agissant ouvertement contre Saint-Domingue, était parvenue à s'établir dans plusieurs cantons d'où ses armées menaçaient l'île d'un envahissement prochain.

Investi de la confiance des agens du gouvernement français, et assisté des conseils des hommes éclairés de la colonie, Toussaint-Louverture, après plusieurs affaires où il déploya beaucoup de zèle, des talens militaires, et une grande valeur, parvint à reconquérir le Mirbalais, les Grands-Bois, et autres places qui étaient sous la domination de l'Angleterre : sa conduite pendant cette guerre fut celle d'un bon français; cette époque serait sans contredit la plus belle de sa vie, si le service qu'il rendit alors à la république, n'avait été lié aux combinaisons de son ambition. Le moment n'était pas encore venu pour lui d'agir foiblement contre les anglais, ou de concert avec eux. Il fallait auparavant donner au gouvernement français tous les gages possibles de fidélité (5), pour assurer sa confiance et lui arracher les nouvelles faveurs qui devaient le conduire à son but.

Son attente ne fut pas trompée : satisfaits de sa conduite, et voulant lui donner une nouvelle preuve de reconnaissance, les commissaires du directoire le proclamèrent général en chef des armées de Saint-Domingue. Cette nomination eut lieu en germinal an 5.

Ce n'est pas tout. Le bruit de ses victoires, en passant rapidement du nouveau monde en France, y porta avec éclat le nom de Toussaint-Louverture. On célébra surtout ses exploits à la tribune du conseil des anciens; on le peignit comme le sauveur de la colonie, comme le partisan le plus zélé de la république française. Le souvenir de ses atrocités fut entièrement effacé : on crut à son zèle, aux preuves de son dévouement, et surtout aux apparences hypocrites de ses sentimens vertueux, qu'alors, comme aujourd'hui, il affectait avec emphase dans sa conduite, dans ses proclamations et dans ses discours.

Tandis que tout paraissait concourir à l'harmonie entre les commissaires du gouvernement et le général en chef, et que la colonie commençait à respirer des troubles qui, si long-temps, l'avaient agitée, tout-à-coup (c'était vers les premiers jours de fructidor an 5) Toussaint-Louverture, impatient d'accélérer la marche de son ambition, se rendit au Cap, à la tête d'un gros corps de cavalerie, et alla descendre chez Santonax, qui, ne se doutant point des projets qui l'amenaient, le reçut avec toute la distinction due à son rang, et avec toute la loyauté d'un représentant de la république française. Un jour s'écoula dans des témoignages d'estime et de confiance mutuelles. Le lendemain, Toussaint-Louverture fait battre la générale, passe en revue la garnison du Cap, et se retire ensuite dans son gouvernement, où il invite à un repas les chefs des corps, et les autres officiers civils et militaires de la ville. Là, après avoir corrompu une partie des officiers, et s'être assuré de leurs suffrages, il propose sans détour l'embarquement de Santonax. C'était l'époque où ce commissaire était vivement dénoncé à la tribune du conseil des cinq-cents, par *Vaublanc* et autres députés, exclus du corps législatif au 18 fructidor. Le temps et les événemens ont suffisamment prononcé, je pense, entre Santonax, ses accusateurs, et Toussaint-Louverture, pour nous dispenser de faire des réflexions sur cette dénonciation.

Cependant Toussaint-Louverture n'avait pas eu l'approbation de tous les officiers supérieurs de l'armée. L'un d'eux, *Etienne Mentor*, alors adjudant-général, et depuis député de Saint-Domingue au conseil des cinq-cents, eut le courage de s'élever avec force contre la mesure proposée, et d'en présenter à ses camarades les terribles conséquences; il fit plus, rassemblant les officiers qui lui étaient subordonnés, et ceux qui partageaient son opinion, il leur fit jurer attachement et fidélité à la république française, et mort contre tous ceux qui parleraient de se séparer de la mère patrie. Cette démarche hardie, autant qu'honorable, parvint à Toussaint-Louverture; sur-le-champ il le fit garder à vue, et un ordre signé de sa main fut donné pour l'arrêter: Christophe, l'agent fidèle des actes tyranniques de ce chef des noirs, le même qui, par ses ordres, a incendié la ville du Cap lors du débarquement de l'armée française, fut chargé de l'exécuter. Mentor fut donc arrêté pendant la nuit et conduit en prison (6).

Après cet acte de violence, qui arrachait aux noirs, amis de la France, leur chef et l'âme de leurs résolutions, Toussaint-Louverture rassembla de nouveau dans son gouvernement tous les officiers qu'il savait attachés à la France, et ceux dont le dévouement ne lui était pas assuré : mais l'impulsion leur avait été donnée ; tous lui refusèrent leur assentiment pour le projet du renvoi de Santonax. Ceux qui manifestèrent avec le plus d'indignation leur refus, furent le général *Leveillé*, le commandant de bataillon *Clouard*, et *Gassonville*, colonel de l'artillerie : dans la chaleur de la discussion, ils voulurent même l'arrêter : tandis qu'ils délibéraient sur ce projet, la municipalité du Cap, les autorités constituées et le peuple firent éclater leur mécontentement ; on touchait au moment d'une insurrection générale, lorsque Toussaint-Louverture, informé de ce qui se passait et effrayé du danger, se retira précipitamment à *la*

Petite Anse. Furieux d'avoir trouvé une pareille opposition à ses projets, déjà ce général rassemblait son armée, et l'exhortait au carnage, quand Santonax, dont la présence au Cap semblait appeler sur cette ville tous les malheurs de la guerre civile, de l'incendie et du massacre, se décida à s'embarquer plutôt que d'exposer, par un plus long séjour, la capitale de l'île et ses habitans aux désastres dont ils étaient ménacés.

Santonax partit de Saint-Domingue le 7 fructidor an 5 : ses collégues avaient déjà quitté la colonie avant lui, à l'exception de *Raymond*, mulâtre, dévoué à Toussaint-Louverture, et auquel ce chef des noirs, pour conserver quelques apparences, voulut bien confier l'administration de la colonie après le départ de Santonax.

Cependant Toussaint-Louverture, prévoyant que le coup d'éclat qu'il venait d'exécuter à l'égard du commissaire français, ne manquerait pas de produire une forte

forte sensation à Paris, et craignant que sa démarche, en le dévoilant trop ouvertement, n'élevât contre lui des soupçons qu'il était trop dangereux alors de faire naître, se hâta de faire passer en France trois commissaires, un noir, un mulâtre, et le citoyen Vincent, officier de génie. Ces agens étaient chargés d'accuser en son nom, Santonax, et de le dénoncer au directoire comme ayant voulu proclamer l'indépendance de Saint-Domingue, et se constituer le chef suprême de cette colonie.

Tout le monde se souvient avec quelle facilité cette dénonciation fut accueillie et propagée comme un fait incontestable. Toussaint-Louverture triompha; sa conduite fut louée publiquement; on le regarda de nouveau comme le sauveur de la colonie, et le directoire lui-même, pour lui prouver sa satisfaction et sa reconnaissance, lui fit présent d'un habit richement brodé, d'un superbe sabre, et de plusieurs paires de pistolets de la manufacture de Versailles.

Tandis que Toussaint-Louverture remportait par ses agens ce triomphe décisif en France, il forçait, par ses intrigues et par ses violences, le commissaire Raymond à lui abandonner l'administration arbitraire de la colonie.

Cet agent, vendu d'abord, comme nous l'avons dit, au parti de Toussaint-Louverture, s'était avisé, dès qu'il s'était vu en place, d'affecter l'indépendance, de demander compte des sommes qui devaient exister dans les caisses du gouvernement au départ de Santonax, et de lutter en quelque sorte contre les volontés du général en chef. Il n'en avait pas fallu d'avantage pour appeler sur lui toute l'animadversion de Toussaint-Louverture. Un jour, la garnison du Cap, qui n'avait pas reçu de solde depuis le départ de Santonax, se souleva; des émissaires secrets dirigèrent son mécontentement et sa fureur contre le commissaire Raymond qui, effrayé des dangers qu'il courait, s'empressa de déposer dans les mains du général, les rênes d'une administration devenue trop orageuse pour lui. Ce dernier sacrifice ne fut pas sans une récompense apparente. Toussaint-Louverture le fit nommer député au corps législatif pour l'an 6, et le fit passer en France avec ce titre, se mettant peu en peine des résultats de sa nomination, pourvu qu'il vînt à bout de se défaire d'un homme qui avait osé penser un instant à lui résister.

Cependant le directoire exécutif, tout en louant la conduite de Toussaint-Louverture, avait pourvu au remplacement de Santonax. Son choix était tombé sur le général *Hédouville*, c'est-à-dire, sur l'homme qui, par son irréprochable moralité, par ses talens militaires et par la douceur de ses principes, pouvait le plus contribuer à réparer les désastres des colonies, et honorer en même temps la place importante qui lui était confiée.

Mais ces titres si précieux étaient précisément ceux qui devaient le rendre odieux à Toussaint-Louverture. Comment un magistrat fortement pénétré de l'importance et des devoirs de sa place, comment un administrateur probe, sévère, ami de son pays, et accoutumé à juger les hommes, aurait-il pu exister long-temps à côté d'un homme fourbe, ambitieux, dissimulé, qui trahissait la France, et qui visait à l'usurpation de l'autorité suprême?

Le commissaire Hédouville, en arrivant au Cap, n'y trouva pas Toussaint-Louverture; ce général était alors occupé à une opération militaire dont les circonstances méritent d'être racontées, non seulement parce qu'elles sont liées avec la disgrace du général Hédouville, mais parce qu'elles mettent en évidence un trait remarquable de la perfidie de Toussaint-Louverture.

Plus ce chef des noirs avançait vers le terme où sa trahison devait être consommée, plus il cherchait à mettre dans ses intérêts les puissances ennemies de la France; et sous ce rapport, on doit juger que l'Angleterre était celle dont il recherchait avec le plus de soin l'appui. C'est dans ces circonstances que le général anglais *Mayland* proposa à Toussaint-Louverture l'évacuation de *Saint-Marc*, du *Port-au-Prince*, de *Jérémie*, du *Môle*, et autres places dont l'Angleterre était encore en possession à Saint-Domingue. Cette proposition ayant été communiquée au général Hédouville, celui-ci, en sa qualité d'agent direct de la république, s'empressa de l'accepter, se réservant néanmoins de traiter avec les clauses et la dignité qui convenaient au gouvernement qu'il avait l'honneur de représenter. Cette réserve effraya les émigrés colons qui se trouvaient dans les places occupées par les anglais; ils déchirèrent publiquement les proclamations du commissaire français, firent rompre les préliminaires, et déclarèrent qu'ils ne voulaient reconnaître que Toussaint-Louverture, et qu'ils n'entendaient traiter qu'avec lui. En effet, la capitulation, telle qu'il plut au général Mayland et aux colons émigrés de la dicter, fut consentie et conclue, sans la participation du général Hédouville, entre Toussaint-Louverture et le général anglais (7).

Après cet acte d'une trahison aussi évidente, Toussaint-Louverture se rendit au Môle, où il fit une entrée dont la pompe était sans doute une dérision de la part de ceux qui avaient tant de sujets de le mépriser (8). Il fut reçu à la principale porte, sous un dais, et conduit au milieu des acclamations et au bruit du canon, jusqu'au gouvernement. Là un repas magnifique lui fut donné; les troupes anglaises manœuvrèrent ensuite en sa présence, et enfin, le général Mayland lui fit présent, au nom du roi d'Angleterre, d'une pièce de canon de bronze.

Cependant l'outrage fait au gouvernement français, dans la personne de son agent, subsistait et occasionnait les murmures de ceux qui étaient sincèrement attachés à la France; pour les faire cesser, et pour avoir en même tems un prétexte de renvoyer le général Hédouville en Europe, Toussaint-Louverture imagina de le faire passer comme un ennemi secret des noirs, et comme ayant l'intention de les replonger dans l'esclavage. En conséquence, il fit adopter par le commissaire français un réglement sur la culture dont il avait lui-même posé les bases: dès que ce réglement fut publié, les agens stipendiés de Toussaint - Louverture, Moyse, Chritophe et autres, ne manquèrent pas de crier à la tyrannie, et à la violation de tous les droits naturels de l'homme: l'acte réglementaire fut représenté comme attentatoire à la liberté des noirs, et la vie du général Hédouville fut menacée. C'est alors que cet agent eut la douleur de perdre deux de ses aides-de-camp qui furent massacrés près de la ville de Saint-Marc, au moment où ils revenaient d'une mission officielle aux Cayes, pour se rendre au Cap.

Tant de sujets d'amertume et de chagrins, joints aux violences dont le général Hédouville était menacé de la part de Toussaint-Louverture, qui s'avançait à la tête de son armée, menaçant de l'exterminer avec tous les blancs de la colonie, le décidèrent enfin à repasser en France, en nivôse an 7, après trois mois de résidence au Cap. Qui ne déplorerait pas ici la force des préventions qui existaient en faveur de Toussaint-Louverture, dans le sein du gouvernement français! Ni l'intégrité reconnue du général Hédouville, ni ses plaintes motivées, ne purent ouvrir les yeux du directoire. Sur ses traces, parut de nouveau le colonel Vincent,

Vincent, agent fidèle de Toussaint-Louverture, qui, en osant accuser le commissaire Hédouville d'avoir voulu renverser la liberté des noirs, d'être un ambitieux, et d'avoir abusé des fonds publics, eut l'adresse de détourner l'attention du gouvernement de dessus le véritable coupable, et de faire peser les soupçons sur le citoyen vertueux qui ne remportait de sa mission que le sentiment de son intégrité et des souvenirs douloureux.

Cependant le commissaire Santonax, et sur-tout le général Hédouville, avaient laissé à Saint-Domingue des partisans nombreux qui, pendant leur administration, avaient osé défendre leurs intérêts et s'opposer aux violences de Toussaint-Louverture, pour les chasser de l'île; ces hommes généreux avaient été remarqués; le général en chef les réservait pour le jour de ses vengeances. Maître de l'île après le départ d'Hédouville, et rien n'arrêtant plus le cours de ses fureurs, il résolut de les immoler à ses ressentimens. La plupart furent arrêtés, jetés dans les fers, et bientôt après fusillés, comme partisans de la France. Du nombre de ces victimes de leur patriotisme, furent le chef de brigade *Barthélemi du Limbé*, le général de brigade *Pierre Michel*, *Bijoux Moline*, *Édouard Collot*, *Pierre Paul*, juge au tribunal criminel, et *Christophe Mornai*, chef de brigade. D'autres furent noyés pendant la nuit dans la rade de Saint-Marc; on compte parmi ces derniers Noël *Léveillé*, colonel du 3e. régiment, officier aussi recommandable par ses talens militaires que par son attachement à la mère patrie : les regrets que lui donnèrent ses soldats, dont il était l'idole, appelèrent sur eux la vengeance du général en chef : le régiment fut renvoyé au Môle, et bientôt après licencié.

Que d'autres victimes auraient été immolées dans ce moment que le féroce africain, avait choisi pour savourer à loisir les charmes de la vengeance, si, pressentant leur malheur, elles n'eussent pas préféré d'abandonner leurs familles et leurs propriétés, plutôt que de s'exposer à devenir les objets de sa fureur !

Toussaint-Louverture ne marchait plus sourdement dans la carrière de son ambition : tandis qu'il livrait à la mort les amis de la France, il cherchait à se lier avec les puissances qui faisaient la guerre à la république, et à s'en faire un appui. On lit dans le *Morning Chronicle*, sous la date du 18 thermidor an 7, un paragraphe qui prouve que ses négociations à Londres n'avaient pas été sans effet. « Samedi dernier, dit ce journal, 27 juillet, le général Mayland vient d'arriver dans la dernière flotte de la Jamaïque. Nous apprenons à nos lecteurs que cet officier distingué a parfaitement réussi dans sa négociation avec Toussaint-Louverture. Il a mis nos relations commerciales avec cette colonie sur un pied qui nous assure tous les avantages commerciaux que nous sommes en droit d'en attendre, et cela sans compromettre en rien la sûreté de nos colonies. ,,

En citant ce paragraphe, notre intention n'est point d'accuser, ni de présenter ici sous un jour défavorable, l'Angleterre, qui, notre ennemie alors, avait le droit incontestable de chercher ses avantages partout où elle présumait qu'elle pourrait en obtenir, mais de démontrer la profonde perfidie de Toussaint-Louverture, qui, tandis qu'il entretenait, par ses agens, le gouvernement français dans la plus parfaite sécurité, agissait auprès des ennemis de la France pour leur livrer la colonie.

Après le général Hédouville, *Roume*, qui résidait à Santo-Domingo en qualité d'agent de la république française, reçut ordre du directoire de se rendre au Cap, et d'y prendre les rênes de l'administration générale.

Ce nouvel agent, que tant d'infortunes attendaient à son poste, dut aux événemens qui éclatèrent quelque temps après son arrivée au Cap, le repos dont il jouit pendant les premiers mois de son administration. Toussaint-Louverture, loin de contrarier son installation, la favorisa de tout son pouvoir. Son intention était d'employer son intervention, et de s'étayer de son autorité dans la guerre qu'il avait déclarée à *Rigaud*, général du Sud, mulâtre. Les désastres qui furent la suite de cette guerre intestine, plongèront long-temps la colonie de Saint-Domingue dans le deuil et dans les larmes. Les deux partis s'y sont baignés réciproquement dans le sang de leurs propres concitoyens. C'est pendant cette guerre atroce que Toussaint-Louverture a fait massacrer les deux tiers de la population mulâtre à Saint-Domingue, et au Cap tous les noirs propriétaires désignés sous le titre de la faction française. Rigaud vaincu se sauva de la colonie avec sa famille, et se rendit en France. En entrant triomphant dans le Sud, Toussaint-Louverture fit fusiller les plus intimes amis de Rigaud, qui, sur la foi de ses promesses solennelles, avaient pris le parti de se livrer à sa clémence.

Toussaint-Louverture n'ayant plus rien à redouter d'un rival qui avait osé menacer sa puissance, tourna toutes ses intrigues du côté du commissaire Roume, dont l'existence politique devenait désormais inutile à ses projets. Une insurrection fut fomentée contre lui, à la suite de laquelle l'agent de la république française fut arrêté et conduit au camp de Breda. L'exécuteur de cet attentat inouï, de cette violation de toute espèce de droit de gens, fut le général de brigade *Moyse*, neveu de Toussaint-Louverture, et alors son confident intime.

Roume, détenu prisonnier au camp de Breda, y resta pendant neuf jours exposé aux insultes, aux outrages et aux violences des créatures de Toussaint-Louverture : quoique ces scènes se passasent sous ses yeux, jamais le général en chef ne songea à les faire cesser : son intention était de lasser le courage du commissaire français, et de l'effrayer afin d'en arracher le sacrifice qu'il se proposait d'exiger de lui. Enfin après neuf jours de souffrances et d'alarmes, Moyse se présenta à lui, et le somma de lui donner son consentement par écrit ; pour la possession de la partie des colonies espagnoles qui avait été cédée à la France par le traité de paix conclu entre la république française et sa majesté catholique, le roi d'Espagne. A cette proposition l'agent français vit l'abyme dans lequel il avait été entraîné : résolu néanmoins de soutenir son caractère et de rester fidèle à ses devoirs jusqu'à la fin, il répondit qu'il ne pouvait souscrire à une pareille demande : on menaça de le fusiller lui, sa femme et ses enfans ; ces menaces ne l'intimidèrent point. Furieux de sa résistance, ses oppresseurs déployèrent vainement à ses yeux l'appareil du supplice ; tant qu'il ne fut question que de ses propres dangers et de ceux de sa famille, l'infortuné Roume persista courageusement dans son refus ; mais quand il entendit les vociférations et les cris des noirs qui demandaient avec sa mort le massacre de tous les blancs de la colonie, si le commissaire français n'acquiesçait pas aux vœux de leur général, sa fermeté l'abandonna, et il promit tout ce qu'on désirait de lui.

Entouré de l'appareil d'une force armée menaçante et furieuse, le malheureux Roume écrivit, d'une main tremblante, et la mort dans le cœur, sous la dictée de Toussaint-Louverture, à *Dom-Joachim Garcia* à santo-Domingo, pour l'inviter à livrer la partie espagnole comprise dans le traité de paix, au général en chef des armées

armées de Saint-Domingue, ou à sa première réquisition.

Dom-Joachim Garcia, protesta d'abord hautement contre cette invitation du commissaire français ; mais se voyant menacé d'invasion par Toussaint-Louverture, il chercha à traîner l'affaire en longueur, afin d'avoir le temps de prévenir son gouvernement de ce qui se passait. Il demanda en conséquence trois mois pour évacuer la partie espagnole dont il s'agissait. Toussaint Louverture feignit de consentir à ce délai ; mais tandis que Dom-Joachim Garcia, se reposant sur sa promesse, attendait en paix la réponse de son gouvernement ; tout à coup il fut informé que les généraux *Paul*, frère de Toussaint-Louverture, et *d'Hebecour* s'avançaient à la tête d'une armée de dix mille hommes sur Santo-Domingo pour s'en emparer.

Surpris et déconcertés, les espagnols ne firent pas une longue résistance ; repoussés de toutes parts; ils évacuèrent Santo-Domingo, et se retirèrent dans les îles de Cuba et de Porto-Rico. Après cette expédition, qui mit Toussaint-Louverture en possession de la partie espagnole qu'il couvoitait, le trop malheureux Roume, fut arraché de son gouvernement, et conduit dans une petite ville de l'intérieur, au *Dondon*, où il resta dans les fers près de sept mois : rendu à la liberté, depuis la nouvelle connue à Saint-Domingue, d'une expédition contre cette île, il s'est retiré aux états-unis d'Amérique, en attendant le moment favorable de se rendre en France.

Depuis cette époque, Toussaint-Louverture, maître absolu de la colonie, n'a cessé d'y exercer une tyrannie aussi intolérable dans ses moyens, qu'affreuse dans ses excès. A la suite des derniers troubles qui ont beaucoup agité la partie du nord, et où près de six cents blancs ont été sacrifiés, il a fait fusiller son propre neveu, le général Moyse, l'agent secret de toutes ses intrigues ténébreuses, et tous les noirs commandeurs, gérans, domestiques des habitations où les blancs avaient été égorgés.

Enfin, il ne manquait plus qu'un dernier acte au succès de l'ambition de cet africain forcené. C'était de briser solennellement les nœuds qui attachaient la colonie à la mère-patrie, de proclamer par des actes publics son indépendance, et de se constituer le chef suprême de cette partie du monde. Ce dernier attentat, qui devait mettre le comble à sa trahison, cette dernière démarche préparée depuis si long-temps au milieu de tant de forfaits, scellée du sang de tant de victimes, a été exécutée le 13 messidor an 9. C'est alors que l'on a vu paraître cette étrange constitution de la colonie française de Saint-Domingue, qui, en paraissant conserver quelques relations entre la métropole et la colonie, les a toutes anéanties, et pour jamais.

O honte ! ô puissance de l'oppression ! Et c'est le nom de Toussaint-Louverture, d'un homme vieilli dans les plus exécrables forfaits, dégoûtant du sang de l'innocence, méprisé, abhorré de toutes les nations, c'est le nom d'un compagnon du féroce Biassou, d'un vil assassin de ses bienfaiteurs, d'un parjure à tous les partis, d'un hypocrite couvert du manteau de la religion pour mieux assurer ses projets ambitieux, c'est le nom d'un tigre toujours avide de sang et de carnage, qui couronne cette constitution sacrilége !

Non, les habitans de Saint-Domingue, ces noirs surtout qui doivent à la France le bienfait inappréciable de leur liberté, qui tant de fois ont versé leur sang pour la défense de leur mère patrie, qui ont signalé par tant de valeur et par des sentimens si généreux, leur retour à leurs droits naturels; ces noirs qui se montrent aussi sensibles envers leurs amis, qu'ils sont terribles envers ceux qui les oppriment; ces noirs ne peuvent avoir consenti à une constitution qui les sépare de leurs bienfaiteurs, qui les arrache à une patrie dont ils sont les enfans, et qui les met à la merci d'un tyran farouche dont ils ont tant de fois éprouvé les fureurs. Cette constitution n'est pas leur ouvrage, ni celui des paisibles et honnêtes habitans de Saint-Domingue; c'est l'œuvre de quelques factieux qui, réunis autour du chef qui les commande, après avoir jeté l'effroi dans tous les cœurs, ont osé mettre leur volonté à la place de la volonté du peuple, et présenter le code qui affermissait leur ambition personnelle, pour le vœu de la majorité des citoyens (9).

L'intervalle qui s'est écoulé depuis la publication de l'acte public qui a mis en évidence la trahison de Toussaint-Louverture, jusqu'à l'époque de l'expédition tentée contre lui, prouve trop hautement en faveur du gouvernement français, pour que nous cherchions à ajouter ici, par des réflexions personnelles, au sentiment universel qui le proclame essentiellement *pacificateur*. Que n'a pas tenté le premier consul pour rattacher à l'honneur, à ses devoirs, aux intérêts de la mère patrie, et à ses propres intérêts même, cet homme qui, peut-être, a eu le stupide orgueil de prendre pour le langage de l'impuissance, celui de la clémence et de l'humanité? Ce n'est que lorsque tous les moyens de conciliation ont été épuisés, que l'expédition a été résolue; et encore, avec quel esprit de paix cette dernière tentative n'a-t-elle pas été faite! Ces vaisseaux qui portaient dans leurs flancs la foudre et la mort, pour châtier un rebelle, portaient aussi les gages les plus sacrés de la bienveillance du gouvernement français : avant d'atteindre par la force celui qui avait appelé sur sa tête l'indignation nationale, les dépositaires de la vengeance publique devaient chercher à le ramener par le bienfait le plus sensible au cœur de l'homme qui n'a pas foulé aux pieds les sentimens de la nature, en remettant dans ses bras ses deux fils, depuis si long-temps séparés de leur père, et élevés si généreusement au milieu d'une nation qu'il trahissait.

Mais ni la clémence du gouvernement français, ni les preuves touchantes de sa bienveillance, n'ont pu ramener cet africain farouche, trop accoutumé, sans doute, au brigandage, et aux jouissances d'une tyrannie sanguinaire, pour rentrer sous un ordre de choses qui aurait mis un frein à son ambition dévastatrice. En répondant à tant de témoignages de clémence, par la trahison, le massacre et l'incendie, Toussaint-Louverture a mis le comble à ses forfaits, et un terme aux dispositions pacifiques du gouvernement français : c'est à la valeur, maintenant, et au courage, à terminer cette lutte scandaleuse. Puisse la victoire, si long-temps fidèle à la cause de la république française, la seconder encore dans cette entreprise! Puisse surtout le génie de son chef, planer sur les opérations de cette guerre pour en accélérer le terme et faire cesser l'effusion du sang des républicains français, que tant d'ennemis secrets voudraient peut-être voir couler tout entier!

PORTRAIT

PORTRAIT

DE

TOUSSAINT-LOUVERTURE.

Toussaint-Louverture est d'une taille médiocre, et d'une complexion foible en apparence; il a l'œil vif; son regard est rapide et pénétrant. Sobre par caractère, rien ne met obstacle à l'infatigable activité avec laquelle il travaille au succès de ses projets; il monte bien à cheval, et marche toute une journée sans se fatiguer; presque toujours il arrive seul, ou presque seul, au terme de ses courses, ses aides-de-camp ou ses domestiques n'ayant pu le suivre pendant une marche souvent de cinquante ou soixante lieues, exécutée avec une rapidité inconcevable. Il se couche presque toujours habillé, et donne très-peu de temps au sommeil et à ses repas. Son habit ordinaire est celui de général ; sa tête est toujours enveloppée d'un fichu, et par dessus, il porte le chapeau militaire. Son humeur est sombre et taciturne ; il parle peu, et très-mal, la langue française. Toutes ses actions sont couvertes d'un voile d'hypocrisie si profond, que quoique sa vie entière soit une suite continuelle de trahisons et de perfidies, il a encore l'art de tromper tous ceux qui l'approchent, sur la pureté de ses sentimens. Le marquis d'*Hermona*, cet officier espagnol distingué, dont nous avons déjà parlé, disait de lui, « que si Dieu descendait sur terre, il ne pourrait habiter un cœur dont les apparences fussent plus imposantes que celui de Toussaint-Louverture (10). » Son caractère est un mélange affreux de fanatisme et de penchans atroces ; il passe froidement de l'autel au carnage, et de la prière aux sombres combinaisons de la perfidie. Il marche toujours escorté de prêtres, pour lesquels il affecte une grande vénération ; ce sont eux qui rédigent ordinairement ses proclamations : il avait en dernier lieu trois confesseurs, un prêtre italien, nommé *Martini*, le curé du Cap, et l'abbé *Moliere*, résidant dans cette ville. Au reste, tous ces dehors de dévotion ne sont qu'un masque dont il a cru nécessaire de couvrir les sentimens dépravés de son cœur, pour commander avec plus de succès à l'aveugle crédulité des noirs. S'il pousse plus loin son hypocrisie à cet égard, et il est capable de ce dernier trait, il n'y a pas de doute qu'avec la haute idée que les noirs ont de lui, et secondé par les prêtres qui l'entourent, il ne parvienne à se faire regarder comme inspiré, et à commander les plus horribles forfaits, au nom du ciel. Toussaint-Louverture, au surplus, ne veut ni de la liberté des noirs, ni de la domination des blancs ; il déteste à mort les mulâtres, dont il a presque éteint la race; il méprise les siens, qu'il fait servir d'instrumens à ses vues ambitieuses, et dont il ordonne froidement le massacre, dès que son pouvoir se trouve un instant menacé. Il a abusé de la confiance de ses premiers bienfaiteurs, il a trahi son parti, il a trahi les espagnols, l'Angleterre, les mulâtres, les blancs, la France sous le gouvernement des rois, la France républicaine, le sang, sa patrie, et la religion qu'il feint de respecter; tel est le portrait de Toussaint-Louverture, dont la vie, écrite avec plus de détail, sera un exemple frappant des crimes où peut conduire l'ambition, quand la probité, l'éducation et l'honneur n'en répriment pas les excès.

PREMIÈRES OPÉRATIONS MILITAIRES DU GÉNÉRAL LECLERC, A SAINT-DOMINGUE.

L'IMPORTANCE des événemens qui se sont développés au débarquement des troupes françaises devant la ville du Cap, et la liaison naturelle qu'ils ont avec le caractère, tracé dans cet ouvrage, de Toussaint-Louverture, nous engagent à terminer la vie de ce rebelle, que l'histoire mettra désormais au rang des monstres les plus exécrables, par les premières opérations militaires qui ont été tentées contre lui par le général *Leclerc*, chargé en chef de l'expédition de Saint-Domingue.

Cette expédition, que la nécessité seule

semble avoir arrachée aux intentions pacifiques du gouvernement français, mais qu'il devait à sa dignité, à sa puissance, et à l'honneur national, de tenter, avait été précédée, comme nous l'avons dit, par toutes les démarches possibles de conciliation : tout le monde connaît maintenant la lettre que le premier consul Bonaparte écrivit dans le mois de brumaire an 10, à Toussaint-Louverture, et la proclamation dont il l'accompagna, pour les habitans de Saint-Domingue. Ces deux monumens de la bienveillance du gouvernement français, où le pardon éclate à travers les expressions de la bonté la plus touchante ; où les retours d'un remords cruel sont prévus et d'avance adoucis ; où tout ce qui est grand et généreux est reconnu, exalté avec soin, et où tout ce qui est criminel est si fort pallié. Ces deux monumens de tendresse paternelle, et en même temps de dignité nationale, sont entre les mains de tout le monde, et passeront à la postérité la plus reculée, pour y couvrir d'infamie et d'opprobre ceux qui en ont méconnu le langage et repoussé les intentions.

C'est le 9 pluviôse au matin que l'escadre française, portant l'armée destinée à l'expédition, et commandée par l'amiral Villaret, arriva au Cap *Samana*, après 46 jours de traversée. Le 10, l'amiral reçut, par la frégate *la Syrène* qu'il avait expédiée à la Guadeloupe, les détails d'une insurrection arrivée dans cette colonie. Cette nouvelle, jointe à d'autres avis indirects sur les mouvemens qui avaient agité les Antilles à la même époque, inspirèrent aux généraux une juste méfiance sur l'accueil qui leur était réservé ; en conséquence, le général Leclerc s'empressa d'expédier pour Santo-Domingo, le général *Kerverseau*, avec sa division, afin d'étouffer dans son principe, une conspiration générale, si elle avait lieu.

Ces mesures prises, l'escadre continua

sa route, et arriva le 11 à la hauteur de la Grange, où l'armée navale et les troupes de terre furent partagées en trois divisions. La première, aux ordres du contre-amiral *Latouche*, fut destinée à débarquer au *Port-au-Prince*, un corps d'armée commandé par le général *Boudet*; la seconde devait aller, sous les ordres du capitaine *Magon*, débarquer à la baie de *Mancenille*, la division du général *Rochambeau*, et seconder son attaque sur le *fort Dauphin* : la troisième, composée des forces que le général Leclerc s'était réservées, fut destinée à s'emparer de la ville du Cap et des quartiers voisins.

Le 13 au soir, tous les versemens des troupes étant terminés, et toutes les dispositions achevées, l'amiral donna le signal au contre-amiral Latouche et au capitaine Magon, d'exécuter leur mission; et le 14 au matin, il se présenta lui-même devant la ville du Cap, avec le reste de l'armée.

La rade du Cap, dont l'accès est difficile

pour

pour les batimens ordinaires, n'est pas sans danger, pour les vaisseaux de ligne : l'entrée d'ailleurs n'en est possible, qu'avec la brise du large, qui s'elève régulièrement vers onze heures du matin, et souffle une grande partie de la nuit. L'amiral ordonna donc aux frégates la *Clorinde* et *l'Uranie*, et au cutter *l'Aiguille*, de se présenter à l'entrée de la rade, d'observer si la passe était encore balisée, et de reconnaître l'état des fortifications. Les frégates firent inutilement les signaux de reconnaissance, et le cutter s'étant engagé dans la passe, le fort *Piccolet* tira sur lui à boulet rouge.

Sur ces entrefaites, un mulâtre nommé *Sangos*, exerçant au Cap les fonctions de capitaine de port, arriva à bord du vaisseau amiral, et déclara au général français de la part du général noir *Christophe*, que, si on refusait d'attendre le retour d'un courrier expédié à Toussaint-Louverture, dès l'instant où l'escadre se dirigerait vers la passe, tous les blancs de la ville seraient massacrés, et la ville elle-même livrée aux flammes.

Le général Leclerc, persuadé qu'une résolution si féroce ne pouvait être inspirée que par des craintes injurieuses pour le gouvernement français, écrivit à Christophe pour lui faire connaître les intentions bienveillantes du premier consul, et tenter de le ramener en l'éclairant sur ses devoirs de militaire et de français. La lettre du général, à laquelle était joint un grand nombre d'exemplaires de la proclamation du premier consul, fut portée au Cap par l'enseigne de vaisseau *Lebrun*, qui, le lendemain, rapporta la confirmation de ce qu'avait annoncé le capitaine Sangos, c'est-à-dire, refus absolu de recevoir l'armée, et résolution opiniâtre d'incendier la ville et les campagnes, si l'escadre avançait.

Une députation de la ville du Cap vint sur ces entrefaites, conjurer le général français de prendre en considération la malheureuse position des habitans de cette cité; elle était composée du maire, du commandant de la garde nationale, du curé et de trois notables. Ces députés assurèrent qu'au premier signal d'un débarquement, la ville et la plaine du Cap seraient incendiés, et tous les blancs massacrés. Le général en chef renvoya la députation, en ordonnant au maire de lire à ses concitoyens la proclamation du premier consul, et de les éclairer sur les intentions perfides de leurs chefs. La députation rentra en effet au Cap, où le maire, *César Télémaque*, nègre vraiment français, exécuta les ordres du général en chef avec un zèle et un courage héroïques.

Dans l'anxiété où la résolution connue des noirs tenait les esprits, le général Leclerc prit un parti qui présentait quelques probabilités favorables à l'humanité, et qui se conciliait avec l'unique objet de l'expédition;

il pensa qu'en portant toutes ses troupes sur l'embarcadaire du *Limbé*, il aurait le temps d'arriver sur les hauteurs du Cap, avant que les noirs exécutassent leur atroce dessein, au moins dans les campagnes. En conséquence, tous les versemens des troupes nécessaires furent ordonnés, et le général fit route dans la nuit pour l'embarcadaire du Limbé. Le calme ne lui permit pas malheureusement de s'y rendre avant le jour.

Cependant l'expédition du capitaine Magon au fort Dauphin, avait parfaitement réussi. Les noirs s'étaient opposés à son débarquement dans la baie de Mancenille, en criant: Point de français! Point de blancs! et en faisant des décharges de mousqueterie sur les canots; mais le capitaine Magon n'en exécuta pas moins son débarquement avec autant d'activité que d'intelligence; et dès que les troupes furent en marche sur le fort Dauphin, il fit appareiller sa division avec la même rapidité, pour aller forcer la passe étroite et dangereuse qui conduit à ce port. Le calme enchaîna pendant quelques heures son zèle et son courage. Pendant cet intervalle, le général Rochambeau eut le temps de tourner le fort *Labouque* et la batterie de *l'Anse*, où les noirs se défendirent avec une extrême opiniâtreté.

Enfin, la brise permit au capitaine Magon de se présenter devant le fort de la ville, qui l'accueillit à coups de canon : deux volées le rendirent maître de cet établissement, où il trouva une artillerie nombreuse, en très-bon état; un amas considérable de munitions de guerre, et, ce qui ne laissait plus aucun voile sur le plan concerté par les rebelles, des ordres écrits par le général Christophe au commandant du fort, *de se défendre contre les français jusqu'à la dernière extrémité, de couler à fond leurs vaisseaux, et s'il ne pouvait se maintenir, de mettre le feu partout en se retirant.*

Tandis que l'attaque du fort Dauphin

s'exécutait, le général en chef s'avançait vers l'embarcadaire du Limbé; il y arriva le 16, à trois heures après midi : l'ennemi y avait une batterie; mais le débarquement se fit avec une telle rapidité, que les coups de canon ne firent aucun mal. Le général se mit aussitôt en marche vers le Cap. Toutes les habitations étaient désertes, les cultivateurs s'étaient sauvés; on leur avait fait accroire les bruits les plus absurdes; on leur avait dit que l'escadre était composée d'espagnols et d'anglais qui venaient conquérir l'île et les passer au fil de l'épée.

Suivant les ordres du général en chef, l'attaque de la ville du Cap par l'escadre devait être combinée avec sa marche; en conséquence, l'amiral Villaret, informé par les signaux que la descente était opérée, ordonna aux vaisseaux *le Patriote* et *le Scipion* de se présenter à l'entrée de la passe pour attirer sur eux l'attention de l'ennemi. A peine le Scipion fut-il à la portée du

Piccolet, que tous les forts dirigèrent sur lui une grêle de bombes et de boulets.

C'est dans ce moment que s'exécuta l'épouvantable et horrible projet des noirs : une lumière rougeâtre annonça à l'escadre l'incendie de la ville : la nuit qui survint rendit encore plus affreux ce spectacle, dont l'horreur était augmentée à chaque instant par l'impuissance où l'on était de porter aucun secours aux victimes de ce grand forfait. Enfin, le jour parut, et l'amiral se mettant au premier souffle de la brise du large, à la tête de l'armée, ordonna à tous les vaisseaux de le suivre. Les forts Piccolet et *Saint-Joseph* étaient abandonnés; la batterie de l'arsenal, les forts de *Belair* et de *Saint-Michel* tiraient encore; l'escadre gagna le mouillage, sans tirer un seul coup, et toutes les garnisons des vaisseaux furent débarquées sous les ordres du capitaine de vaisseau *la Roque*.

Le général *Humbert*, qui se trouvait avec

300 hommes à bord de *la Révolution*, prit le commandement de tous les détachemens; il en forma un corps de 1200 hommes, et courut s'emparer du fort Belair pour faciliter l'arrivée du général en chef; il marcha ensuite au-devant de lui.

Lorsque le général Leclerc entra dans la ville du Cap, toutes les troupes de l'escadre étaient occupées à sauver les ruines de cette malheureuse cité : sa présence y ramena l'ordre et l'espérance; les victimes échappées au massacre se rallièrent autour de lui. Parmi celles que les brigands n'avaient pu atteindre, était le brave noir *Télémaque*; au moment où des assassins le poursuivaient, des soldats français, arrivés à temps, l'avaient arraché de leurs mains. Le général en chef, instruit des efforts qu'il avait faits pour sauver la ville et ses habitans de la fureur des noirs, le nomma sur-le-champ maire de la ville (11).

NOTES.

NOTES.

(1) Ce chef des noirs, dont les atrocités, quand elles seront écrites, feront frémir d'horreur, mourut de chagrin, ou plutôt de rage, quelque temps après sa détention à Saint-Augustin. Quant à Bouckmant, après avoir échappé aux armes de Biassou, dont il n'avait pas voulu reconnaître l'autorité, il fut défait et tué dans une affaire qui eut lieu aux environs du Cap; sa tête fut plantée sur une pique au milieu de la place d'armes de cette ville, avec un écriteau portant ces mots : *Tête de Bouckmant, chef des révoltés*. Jamais tête de mort ne conserva peut-être autant d'expression; ses yeux étaient ouverts, et semblaient encore étinceller. On eût dit qu'il donnait à sa troupe le signal d'un massacre. Il était tombé percé de balles et de coups de bayonnettes, en se défendant jusqu'au dernier soupir.

(2) Toussaint-Louverture n'eut point pour complice de sa barbare perfidie, son compagnon d'armes, Jean François, auquel il avait uni jusqu'alors sa destinée. Ce dernier chef des noirs resta fidèle à l'Espagne. Jean François est aujourd'hui à Cadix avec le titre et les appointemens de lieutenant-général des armées du roi : il y vit splendidement; dix officiers noirs sont attachés à son service, et sa maison est devenue l'asile de l'aisance et d'une aimable liberté.

(3) Proclamation sur le 30 ventôse.

(4) Cet ami des prêtres, qui se croyait réconcilié avec le ciel et avec l'humanité, quand il avait reçu d'eux l'absolution de ses atroces forfaits ; ce fanatique exécrable était devenu le partisan le plus déclaré du livre de Raynal, où il croyait lire sa destinée dans les chapitres qui traitent de l'indépendance probable de toutes les colonies du nouveau monde ; il en recommandait vivement la lecture : tous les torts de l'auteur envers la religion et le sacerdoce s'effaçaient devant les principes qui flattaient son ambition secrète. L'histoire de Raynal et le chapelet étaient le talisman en vertu duquel il agissait sur les esprits faibles et superstitieux, pour les associer aux projets de son ambition.

(5) Le gage qui séduisit le plus ceux qui conservaient encore quelques soupçons contre lui, et qui était peut-être le résultat le plus profond de sa dissimulation, fut l'envoi de ses deux fils en France ; on ne mit plus en doute la sincérité du père, quand on le vit abandonner à la France le sort de sa famille. Puisse le gouvernement français, en se désaisissant si généreusement de ce dépôt précieux, ne se repentir jamais d'avoir cru aux sentimens de la nature et de la reconnaissance, dans un homme qui, tant de fois, les a outragés et foulés aux pieds !

(6) Cet officier distingué, qui a joué un rôle si

dangereux et en même-temps si honorable dans cette occasion, mérite ici une mention particulière : elle est autant un tribut de justice rendu à sa conduite personnelle, qu'un hommage adressé dans sa personne à la classe nombreuse des noirs qui sont restés fidèles à la république française, et que ni les proscriptions, ni la misère, ni l'abandon, n'ont pu arracher à leur généreuse constance.

Etienne *Mentor*, de la classe des noirs libres, et propriétaire à Saint-Pierre de la Martinique, où il était né, en 1771, avait reçu de la nature tous les dons qui peuvent disposer à la constance et au courage dans les grandes vicissitudes de la vie, et de l'éducation, tous les principes qui peuvent en embellir les instans paisibles. La révolution vint le plonger, comme tous les autres noirs, dans l'alternative de sa défense ou de l'esclavage. Quand la liberté des noirs fut proclamée, il devint l'ami de la France, et il lui voua pour jamais attachement et fidélité. Elevé au grade de capitaine des chasseurs de la Guadeloupe, il combattit vaillamment contre les anglais, auxquels il ne céda la batterie dont il avait été chargé, que lorsqu'il vit tous les siens tués ou renversés à côté de lui. Fait prisonnier et déporté en Angleterre, il conçut et exécuta le projet, à la vue des côtes d'Ouessant, de s'emparer du bâtiment qui le conduisait en Angleterre, et de le mener à Brest. Cette audacieuse entreprise le rendit à la liberté et à la France : incorporé à son arrivée dans un bataillon, il fit une campagne dans la Vendée sous le général Westermann; il fut ensuite appelé à Paris pour donner des renseignemens sur la prise de la Guadeloupe, et nommé, en l'an 3, adjoint aux adjudans-généraux pour Saint-Domingue. Il arriva dans cette île après l'événement du 30 ventôse, qui avait compromis la liberté et la vie du général Laveaux; il devint le défenseur des agens du gouvernement français, et l'appui des européens opprimés. Appelé auprès de Toussaint-Louverture, il mérita par ses talens militaires et par la considération qu'il avait obtenue parmi les noirs, d'être admis dans la confiance intime de ce général, et d'être élevé au grade d'adjudant-général de l'armée de Saint-Domingue. C'est dans les relations qu'il eut alors avec Toussaint-Louverture, qu'il pénétra le secret de son ambition : son courage à la dévoiler lui valut des fers, mais le peuple de Saint-Domingue ne tarda pas à le dédommager de cet outrage, en le nommant député au conseil des cinq-cents. C'est-là que seul, ou presque seul contre les partisans nombreux de Toussaint-Louverture, il eut encore la force, en l'an 6, de dénoncer le projet d'indépendance du général de Saint-Domingue, et de signaler sa perfidie. Les soupçons de partialité et de vengeance que les amis de Toussaint-Louverture firent planer sur sa tête, ne le découragèrent pas. Il en écrivit au directoire exécutif : plusieurs journaux devinrent les dépositaires de ses vives alarmes, et il ne cessa de les publier que lorsqu'il vit les préventions si fort armées contre lui, qu'il n'y avait plus que du danger pour sa personne, sans aucune utilité pour la chose publique, à insister sur ses dénonciations. Cet officier noir fut exclu du corps législatif au 18 brumaire. Parmi les traits qui caractérisent son cœur bon et humain, nous ne citerons que celui dont les journaux ont rendu compte en nivôse an 9. Il était à Brest, sur la frégate *la Créole*, lorsqu'un matelot tomba à la mer et fut entraîné par les flots. Tandis que des spectateurs nombreux gémissaient sur son sort, Mentor n'écoutant que son courage, s'élança à la mer, et alla, au péril de sa vie, arracher le malheureux matelot à une perte certaine.

(7) Tous les colons émigrés de marque qui commandaient des corps sous les drapeaux de l'Angleterre, furent conservés dans leurs grades respectifs, et passèrent avec leurs titres dans l'armée de Toussaint-Louverture, où ils sont encore, et où il n'y a pas de doute qu'ils se montrent les plus acharnés contre les français qui composent l'expédition. On lit dans le journal de l'*Ami des Lois*, sous la date du 24 messidor an 6, une lettre du citoyen Etienne Mentor, dont nous avons déjà parlé, qui donne une idée de la capitulation infâme de Toussaint-Louverture. « Si la capitulation que vous transcrivez, disait cet officier noir, alors député au conseil des cinq-cents, est vraie dans toutes ses parties; le général français qui l'a souscrite est *digne de mort*. Ce n'est plus les anglais

qui ont capitulé, c'est *Toussaint-Louverture* lui-même; car celui-là capitule, qui reçoit la loi de l'ennemi! N'est-il pas inconcevable, en effet, que ce général, à la tête de vingt mille hommes devant une place sans remparts, et ouverte de tous côtés, ait permis à une garnison foible, et épuisée par la fièvre jaune et par la désertion, d'emporter, en se retirant, l'argent, les marchandises, les munitions de guerre et de bouche, les canons de fonte, et de mettre hors de service les pièces d'artillerie? Comment a-t-il pu se laisser imposer comme une loi, de garantir la vie et les propriétés des habitans qui devaient rester dans l'île? Si ces individus sont de bons citoyens, c'est un outrage sanglant d'oser soupçonner qu'ils peuvent être maltraités par lui: s'ils sont émigrés, ou qu'ils aient trempé dans les complots de ceux qui ont livré aux anglais une partie de la colonie (territoire de la république), et qu'ils aient porté les armes contre elle, de quel droit promettrait-il une impunité? Je suis fâché de le dire, citoyen, mais je reconnais dans cet infâme traité la main des prêtres et des émigrés qui entouraient Toussaint-Louverture à mon départ de Saint-Domingue.... Ce serait peut-être juger trop sévèrement ce général, que de voir dans sa faiblesse une connivence coupable avec l'Angleterre, mais la suite des événemens nous apprendra jusqu'à quel point mes conjectures ont pu être fondées ».

(8) Comment les anglais auraient-ils pu oublier

la trahison infâme dont Toussaint-Louverture s'était rendu coupable à leur égard en 1795, six ou sept mois après le massacre des espagnols à la Marmelade, et sa rentrée sous les drapeaux de la république? Ce trait, peu connu, mérite d'être raconté. Le sieur *Thomas Brisbanne*, major des troupes anglaises, occupait à cette époque la ville de Saint-Marc et ses dépendances : Toussaint-Louverture, qui avait alors le plus grand intérêt d'inspirer quelque confiance au général Laveaux, et de ramener la considération sur lui par un coup d'éclat, résolut de s'emparer de cette place par un stratagême. En conséquence, il fit dire au général anglais que, *dégoûté de servir la république, et desirant passer sous les drapeaux de l'Angleterre, il était prêt à lui livrer les Gonaïves, les Verettes et autres places qui étaient sous ses ordres*, s'il voulait lui accorder un rendez-vous au pont de l'Ester. Le crédule Brisbanne s'était déjà mis en marche pour se rendre au lieu indiqué, lorsque quelqu'un lui fit heureusement observer qu'il avait affaire à un homme sans foi, vieilli dans la perfidie, et qui se faisait un jeu de violer les promesses les plus sacrées. Ces observations le firent revenir sur ses pas. Cependant, pour ne pas manquer une occasion favorable si Toussaint-Louverture était sincère dans ses propositions, il crut devoir envoyer à sa place un nommé *Gauthier*, émigré français, commandant en second à Saint-Marc. A son arrivée, Toussaint-Louverture, furieux d'avoir manqué sa proie, le fit arrêter et conduire au port de Paix, où il fut fusillé, premièrement comme émigré, et en second lieu, comme ayant voulu corrompre le vertueux général Toussaint-Louverture !!!

(9) Un des intrigans les plus dangereux du conseil secret de Toussaint-Louverture, le principal rédacteur de sa constitution, le même qui avait rédigé les dénonciations contre Santonax, Hédouville et Roume, et qui a eu l'impudeur de se constituer propriétaire des deux tiers des habitations du nord de Saint-Domingue, est le nommé *Pascal*, beau-fils de Raymond. Il fut envoyé au Cap par le directoire exécutif, en l'an 4, en qualité de secrétaire-général de l'agence. Cet homme est actuellement secrétaire particulier de Toussaint-Louverture. Il l'abandonnera, sans doute, afin de conserver le fruit de ses rapines, qu'il a eu le soin de déposer aux Etats-Unis d'Amérique.

(10) Parmi les traits nombreux qui attestent la profonde hypocrisie de Toussaint-Louverture, nous citerons le suivant, qui, quoique lié à une cause juste, ne montre pas moins la perfidie de son ame. A l'époque de l'affaire du 30 ventôse, dont nous avons parlé dans le cours de cet ouvrage, et qui faillit devenir si funeste au général Laveaux, Toussaint-Louverture décidé déjà à soutenir ce général, convoqua chez lui les commandans des places du *Gros-Morne*, de *Plaisance*, des *Verettes* et autres forts, tous chefs mulâtres, et leur apprit
en

en confidence la conspiration ourdie contre le général Laveaux, ajoutant qu'il allait marcher contre lui et le faire juger comme ayant voulu enchaîner les noirs et livrer la colonie aux anglais. Les chefs mulâtres qui avaient trempé dans la conjuration, et qui attendaient en silence les résultats de la journée du 30 ventôse pour se déclarer ouvertement, furent charmés des bonnes dispositions de Toussaint-Louverture ; ils le félicitèrent sur le parti qu'il paraissait disposé à prendre, et s'excusèrent de ne lui avoir pas annoncé plutôt leurs projets contre Laveaux. Alors Toussaint-Louverture, se levant brusquement, s'écria : *Gardes, arrêtez ces factieux !* Des soldats, en effet, qui étaient cachés dans les appartemens voisins, parurent aussitôt, et s'emparèrent des mulâtres, qui furent jetés dans les fers au *Morne-Blanc* et *à la Petite-Rivière*. Des chefs noirs de l'armée de Toussaint les remplacèrent dans les places qu'ils occupaient.

(11). Le rôle à jamais honorable qu'a joué ce noir dans la terrible catastrophe de sa patrie, nous engage à placer ici une notice de sa vie, dont chaque instant semble avoir été consacré à des actes d'humanité et de bienfaisance. César-Télémaque, âgé de près de 60 ans, est natif de Saint-Pierre, île Martinique. Il est marié à une française, qu'il épousa à Paris il y a près de 36 ans. Il a demeuré près de 49 ans dans cette capitale ; son domicile était rue du *Sentier*. Son humanité et sa douceur le firent nommer, en l'an 3, commissaire de bienfaisance de sa section : le dévouement avec lequel il remplit les fonctions de cette place pendant cette année trop fameuse de la révolution, le rendit cher à tous les citoyens : le malheureux n'éprouva jamais de sa part aucun de ces rebuts qui rendent la bienfaisance quelquefois si amère; et quand les secours publics lui manquaient, il y suppléait de ses moyens. En l'an 4, il partit pour Saint-Domingue avec Santonax: à son arrivée il fut nommé trésorier au port de Paix. Mais sa véritable place était celle que son ami *Etienne Mentor* lui fit obtenir au Cap, en le désignant au peuple comme l'homme le plus propre à exercer les fonctions paternelles de juge-de-paix. Dans cette place, il mérita l'estime et la confiance de tous les gens de bien : son nom seul inspirait le respect : les noirs se faisaient gloire de l'avoir pour compatriote, et les européens pour magistrat. Avec ce caractère, il est facile de juger quels ont été ses efforts, sa sollicitude et ses dangers pendant cette nuit horrible qui a vu le plus exécrable des forfaits se consommer. Digne et vertueux citoyen, reçois ici l'hommage de tous les cœurs sensibles : tu dédommages l'humanité du crime de ceux de ta nation, et l'histoire, en les racontant, se plaira à reposer l'ame du lecteur sur tes vertus, pour le consoler du plus grand des forfaits.

FIN.

www.ingramcontent.com/pod-product-compliance
Lightning Source LLC
LaVergne TN
LVHW020108100426
835512LV00040B/1805